Mohn und Granit
Vom Waldviertel

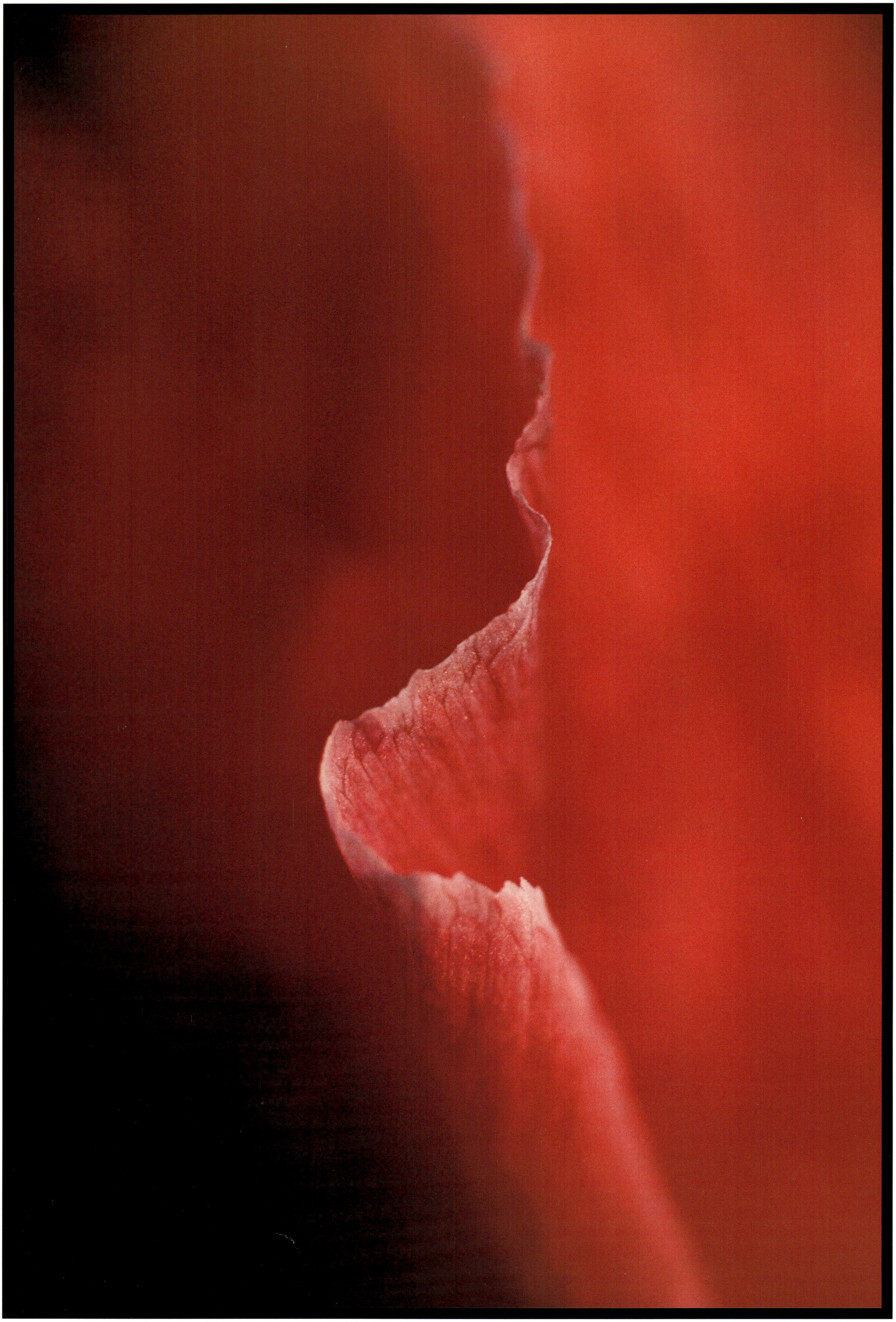

MOHN UND GRANIT
Vom Waldviertel

Photographie Franz Hubmann
Text Imma von Bodmershof

Für
Helga und Heinz

F. Hubmann

18. XII. 03

VERLAG CHRISTIAN BRANDSTÄTTER · WIEN – MÜNCHEN

Vielleicht ist es ein Unrecht, Geheimes von der Landschaft zu erzählen, mit der man lebt, wie man auch nicht Geheimes von Menschen preisgibt, die einem am nächsten stehen.

Es mag nun manchem sonderbar erscheinen, daß man von Geheimem spricht im Zusammenhang mit einer Landschaft wie dem Waldviertel, im Herzen Europas, zwar dünn besiedelt, mit waldigen Weiten zwischen einzelnen Gehöften und mit wenigen Dörfern an den schmalen Straßen, durch Eisenbahnen nicht eben erschlossen, aber doch nur hundert Kilometer nordwestlich von Wien. Einer Landschaft an solcher Stelle könne doch nichts Geheimes mehr innewohnen, das Bedenken einer Preisgabe wäre zu verstehen gewesen vor tausend Jahren, als noch wegloser Urwald das meiste Land verbarg, aber heute bedürfe es einer Erklärung.

Nun ist aber jede Landschaft ein Lebendiges, und in allem Leben ist Geheimnis. Nie ist sich gleich, was aus dem Lebendigen kommt, nicht zwei gleiche Steine gibt es in einer Landschaft, kein Berg wiederholt sich, kein Fluß und keine Wolke, jede Landschaft ist ein Geheimnis, allein schon durch ihre Einmaligkeit.

Wer ihr Wesentliches sehen will, darf deshalb auch nicht mit Vergleichen an sie herankommen. Das Bild einer Landschaft über das Bild einer anderen geschoben, verdeckt gerade das, worauf es ankommt, das Eigene. Ähnlichkeiten bieten sich an wie Schlagworte, die alle Äußerungen des Eigenen, die zarten und selbst die starken, gewaltsam verdecken. Wie in einer Falle fängt der Blick für das Eigene sich in solcher Ähnlichkeit.

Da ist die Wachau, das Tal der Donau von Melk bis Krems, das gegen Süden das Waldviertel begrenzt. Der Fremde sieht einen breiten Strom, der zwischen mäßig hohen Bergen stark dahinfließt, Ruinen von Burgen oben, alte Orte, Kirchen und Schlösser unten am Ufer, Weingärten die Hänge hinauf, und gleich spricht er vom Rhein. Es ist aber die Wachau ein eigener Leib in eigener Luft. Aus dem tieferen südlichen Blau des Himmels trifft die Sonne hier voll das Gestein, ihr Licht verfängt sich nicht in den dünnen Wolkenschleiern, wie sie über dem meernahen Rheinland liegen, aus Seeluft gewoben. Stark und hoch wachsen hier im Sommer die Gewitterwolken über dem breiten Tal, reich geballt in blendendem Weiß, mit goldenen Rändern, in barocker Pracht, die sich niederschlägt in den Klosterkirchen unten. Grüner entfaltet der Wein seine Blätter in dem sonnigen Licht, dunkler ist der Wald, der über den Rand der Höhen herabkommt, die Weingärten bedrängt und sie nicht weit hinaufläßt an den Hängen. Stiller sind die Ufer, freier von den Menschen, wenig von ihnen berührt und nicht mißbraucht. Auch die Menschen selbst sind verhaltener, als hörten sie noch einen anderen Ton über dem Rauschen des Flusses.

Anderes Gestein auch liegt an der Donau als am Rhein, Urgestein, aus dem das Waldviertel sich erhebt, anders widersteht es dem Wetter und dem Wasser, geschlossener gehen seine Linien über die Rücken der Berge, gelassener ruhen sie an den Ufern der Donau.

Anderes Getier auch läuft hier über den Stein, der heiß ist im Sommer. Der Süden hat sein Reich vorgeschoben bis hierher, an den Rand des Waldviertels. Die Gottesanbeterin ist da, und die Smaragdeidechse wohnt hier. Sie ist dreimal so groß wie die anderen Eidechsen, in ihrer Farbe hat sie das Edelsteingrün und Blau des südlichen Meeres mitgebracht.

Schneller fließt die Donau durch die Wachau, zweihundert Meter über dem Meer, fast wie in einem Bergtal.

Aber nicht nur in dem letzten Sinn des in allem Leben Verborgenen hat das Waldviertel sein Geheimnis, auch in dem gewöhnlichen Sinn, daß es nicht weit bekannt ist.

Das ist zwar merkwürdig, weil das untere Tal des Kamp – eines der kleinen Flüsse des Waldviertels – einmal zu den belebtesten Landschaften Europas gehörte, vor längerer Zeit freilich, viertausend Jahre etwa vor Christi Geburt, nach dem Ende der letzten Eiszeit. Damals siedelten die Menschen so dicht am Ostrand des Waldviertels wie danach erst wieder in unserer Zeit. Das Eis hatte wenig Land freigelassen in Europa. Vom Norden her hatte es seine Gletscher über alle Länder gelegt, und auch vom Süden, von den Alpen her, kamen Gletscher. Nur eben das Hochland der Mitte blieb frei, Steppe hielt sich darauf und ein Kümmerwald an seinen Rändern, es wurde zum Weideplatz und Jagdgebiet aller Tiere. Löwen jagten da, viel größer als die jetzigen, größer noch als die riesigen Höhlenbären, und Hyänen und Füchse räumten auf mit dem, was die Großen zurückließen. Mammute stampften über den Boden, ungeheure Hirsche, doppelt so hoch wie die heutigen, kämpften mit ihren Schaufeln. Vom Norden, getrieben vom Eis, waren die Rentiere herabgewandert, Moschusochsen, Vielfraße und Eisfüchse. Sie trafen sich mit den Herden des Urrindes und mit den Wildpferden. Für die Heimischen, die Gemsen, Steinböcke, Rehe und Wildschweine und die anderen, war wenig Platz geblieben.

Zusammengedrängt mit dem Wild lebten damals jene frühen Menschen in dieser Landschaft. An der Donau, am Lauf des Kamps und der Krems legten sie ihre Feuerstätten an. Wenn aber die Kälte zunahm, im Wechsel der Eiszeit, dann zogen sie sich zurück in den Schutz der Erde, in Höhlen, die sie fanden.

Aber auch zu einer späteren Zeit noch wußte man weithin vom Waldviertel. In Alexandrien las man von den Einwohnern am oberen und am unteren Lauf des Kamps, den Parmaikampoi und den Adrabaikampoi, Ptolemäus hat von ihnen mehr als hundert Jahre vor Christi Geburt in einem seiner Werke berichtet.

Danach aber deckte der Urwald das meiste zu vom Hochland und von seiner Geschichte. Daß die Heutigen wenig vom Waldviertel wissen, ist vielleicht daraus zu verstehen und auch daraus, daß es meist rauh ist und abweisend gegen die Fremden.

Das Land erhebt sich in die Region der freien Winde, dort hinauf, wo sie ihre volle Kraft haben und nicht abgeschliffen sind von der Erde.

Wenn der Weststurm kommt, fährt er mit seiner ganzen Wucht hin über das Land, keine höheren Berge sind ihm im Weg gestanden. Er hat sich seinen Anlauf geholt von Schottland oder Island her, über das Meer und hoch über Deutschland hin. Zu dichten Verbänden schließt sich der Wald unter dem Sturm, aber dennoch muß jeder Baum einzeln um sein Leben ringen mit ihm. Jedesmal, wenn er kommt, schlägt er einige aus ihren Reihen, denn sie haben wenig Halt in der geringen Erdschicht über dem Fels, sie liegen dann, wenn er vorüber ist, mit ihren Wipfeln am Boden, und ihre bloßen Wurzeln greifen lange noch fremd in die wieder beruhigte Luft.

Oft bringt der Sturm den Regen mit, er schleift die meerfeuchten Wolken nahe über das Hochland hin, und die Kälte und Nässe machen das Land nicht wirtlicher dann.

Grau ist seine Farbe in diesen Zeiten. Vom helleren Grau des Himmels senkt es sich über das dunkle granitene Gestein herab, bis ins harte, schwarze Grün der Nadelwälder. Wenn der Wind nachläßt, dann können auch diese Stufen im Grau verschwinden, denn dann decken die Wolken das Land zu.

Die Krähen ziehen durch den Nebel, schwer, in dunklen Schwärmen steigen sie auf, sie allein von allen Vögeln, wie das Grau allein geblieben ist von den Farben.

Nicht immer ist dieses rauhe Wetter im Gang auf dem oberen Land, aber oft genug, an manchen Tagen im Sommer und durch Wochen im Spätherbst, so daß die Leute spotten: „Acht Monate Winter und vier Monate kalt", oft genug jedenfalls, daß die Neugierigen fürchten, ihre Nase daran zu verkühlen, und lieber fortbleiben. So läßt sich mancher täuschen und glaubt, das Waldviertel sei einfach ein kaltes und rauhes Land und sonst nichts. Wer sich aber nicht gleich schrecken läßt, dem zeigt sich das Land vielfach und anders.

Seine erste Verwandlung hält es bereit an den südlichen Pforten. Weinberge stehen dort und Marillengärten um steinige Ortschaften, Mais und Kürbisse wachsen am Weg.

Aber es sind nur die letzten seichten Wellen südlicher Wärme, durch die man geht, gleich über dem Kopf steigt eine andere Welt auf. Dunkel und hart steht sie hinter der Helle, und man versteht, daß eine frühere Zeit sie den Dunkelwald nannte, den Nortwald, die Silva Nortica, und daß es lange währte, bis Menschen wieder dort hinaufdrangen.

Die Täler flußaufwärts lassen einen noch sanft ein. In das harte Grün der Fichten und Föhren, zwischen die felsigen Hänge schieben sich Buchen, und ihr weiches Laub mildert die Härte. Der kleine Fluß, durchsichtig wie brauner Topas, mit hellem Glitzern obenauf, sieht in der Sonne wie Zierde aus, und man meint, daß im Land oben noch anderes sein muß als Dunkelheit und Kälte.

Wer auf die Höhe kommt, nach einigen Stunden, die er durch Wald gestiegen ist, der wird dann mit einem Mal vom Himmel, von der Luft und von der ganzen Weite der Landschaft erfaßt. Er ist auf der Höhe, aber nicht auf einem Berg und nicht auf einer Fläche. Rund um ihn ist alles in Bewegung. Eigenwillig heben sich die bergigen Kuppen, und die Täler senken sich hinab, wo es ihnen eben einfällt. Dazwischen behaupten Flächen ihren Platz, aber auch ihnen scheint kein Gebot gegeben, sie bleiben nicht lange oben, sie neigen sich, fallen oder steigen. Viel Wald zieht über das Land, die Täler hinab und die Rücken hinauf. Von manchen Wäldern erreicht das Auge kein Ende, aber auch die Ackerbreiten und Wiesen laufen weithin, und mancherorts haben sie schon mehr vom Boden als der Wald.

Vom Himmel gehört dem Waldviertel mehr als dem Land unten. Er senkt sich rundum tiefer herab, diese Welt umfassend, die in ihm aufragt. Alle Wege scheinen auf den Himmel zuzulaufen, man sieht ihn gerade vor sich, man braucht den Kopf nicht zu heben, um ihn zu sehen.

Durch sein Blau wandern die Wolken nahe über dem Land hin, mit farbig angehauchten Rändern und schieferblauen Schatten auf den weißen Leibern. Die Sonne ruft sie über die Bäume herauf, unter denen sie in der Frische des feuchten Mooses schliefen. Ein wenig verweilen sie über den mütterlichen Wäldern, dann nimmt die Luft, die immer rege, die kein Verweilen kennt, sie mit. Die obere Luft, die auch die Sommertage nicht schwer werden läßt und nicht dick von Wärme und die Schwüle überall aufscheucht, wo sie versucht, sich anzusiedeln.

Wer das Land so sieht zum ersten Mal, der prägt sich wohl das Bild ein, und er denkt es festzuhalten als das Bild dieser Landschaft.

Von der nächsten Höhe aber, auf die sein Weg ihn führt, sieht er wieder um sich, und da ist alles anders, so, als wäre er einen Tag lang gewandert, aber er ist kaum eine Stunde gegangen.

Ein Berg ist da, mitten in der Landschaft, wie ein Kegel, und darauf steht eine Burg. Sie steht frei im Rund, von überallher muß man sie sehen, es ist nicht zu begreifen, wo sie vordem war. Der Horizont ist jetzt näher herangekommen, die Bergrücken schneiden ihn in sehr bestimmter Zeichnung ein, ein Tal mit einer hellen Felswand schiebt sich deutlich dazwischen. Fast weiß leuchtet das Gestein zwischen dem vielgestuften Geäst der Bäume, man kann sie an den Tönen ihrer Färbung erkennen, zwischen den Fichten und Lärchen stehen Bergahorn, Esche, wilde Kirsche, Eibe, Birke, Espe, Eiche, neun, zehn Arten und mehr dicht ineinander gewachsen, auf der Lehne des Steilhanges.

Nah dem Bergrücken liegt wie eine Stufe eine ebene Höhe, von dort leuchtet ein Dorf her, es sieht groß aus in der Landschaft, mit roten Dächern und einem weißen Kirchturm unter spitzem, gotischem Dach. Nach diesen unverrückbaren Merkmalen will man nun Richtung behalten.

Aber von der nächsten Höhe hinter dem Wald ist keines mehr von ihnen zu sehen. Die Burg ist fort, auch das Dorf ist nicht mehr zu finden, und keiner der Bergrücken ist zu erkennen.

Wie dunkle Wände stehen jetzt Waldhänge vor dem Weg, sie sperren ihn von allen Seiten, es ist nicht zu erkennen, wie er hindurchkommen soll zwischen ihnen, steil fällt er hinunter in eine schattige Talschlucht. Kein Laut ist zu hören von den felsigen Wänden her, kein Hof ist zu sehen. Schwarzgrün und unbewegt steht der Fichtenwald. Nur hoch aus dem Himmel fällt der Schrei eines Bussards herein, und vom Grund her hört man das Werken eines unsichtbaren Gewässers. Als wäre man unversehens herausgekommen aus der Welt der Menschen, so ist es hier. Der Wechsel geht weiter durch die ganze Landschaft. Er wohnt in ihr.

Da sind die Buchenwälder. Den Ostrand des Waldviertels kommen sie herauf und greifen weit hinein ins Hochland. Die hellgrauen Stämme, mächtig wie Säulen, fahren aus den Wurzeln auf, zwanzig Meter und dreißig, sie heben ihr Laub hoch gegen den Himmel und wölben ihre Äste zu weitgespannten Bogen, als wäre keine Anstrengung dabei.

Über den Boden zwischen ihnen geht das Licht hin in breiten Flüssen und läßt das goldbraune, trockene Laub leuchten, das da liegt in jeder Zeit des Jahres. Trocken und beinahe warm ist dieser Boden, es kommen nur selten Pilze aus ihm, aber hohe, blühende Gräser siedeln in den

Lichtungen, duftender, graublättriger Wermut, Waldmeister und Brombeeren gründen hier ihre Gemeinden. Im frühen Jahr, wenn man von oben her, von der Steinwand vielleicht, in den Buchenwald sieht, dann macht er einen still wie der Anblick des Meeres. Es ist auch ein Meer, das da brandet in bewegten Wogen über die bergigen Kuppen, ein unabsehbares Meer von hellem Silbergrün, in dem der weiße Blütenschaum wilder Kirschbäume schwimmt, wie Schaum von Wellen. Die Blätter der Buchen sind um diese Zeit noch weich und fast durchscheinend wie Flügel von Faltern, die eben ausgekrochen sind. Manche von ihnen hängen auch noch scheu und verknittert im Licht,

aber man kann ihnen zusehen, wie sie sich ausbreiten und leise beben unter der Sonne, die noch nicht schwer ist, sondern lind ist und leicht.

Lind und leicht und von einer scheuen und strahlenden Süße sind auch die Stimmen der Vögel, die in leisem Wehen über das Buchenmeer hingehen, an diesen Tagen, da sie sich heimisch machen in den Wipfeln.

Der Herbst aber verwandelt die Buchenwälder. Wenn die ersten Nachtfröste das Laub getroffen haben und angesengt und wenn dann die reife Sonne des Oktober sich darüberlegt, dann leuchten die Wälder auf, und Farbe entzündet sich an ihnen wie Feuer. Es greift um sich, rot und golden, kupferbraun und mit einem Hauch von tiefem, bläulichem Purpur, es ergreift die fernste Ferne mit lohenden Flammen.

Als sei die Erde aufgebrochen und als gehe ihr Feuerfluß über das Land, so in Wogen von Farbkraft, die das Auge fast schmerzt, geht es in die Weite. Wo noch ein Grün übrig ist, auf Moos oder Farn, da leuchtet es gläsern auf, fast schrill, wie das Grün des Emails von Limoge. Nur das matte Silbergrau der Stämme und das dunklere Grau der Felsen geben dem Blick eine Rast im Gewohnten.

Abends ziehen Nebel auf wie blauer Rauch, wie Rauch, der sich über Flammen bildet, ziehen sie hin, sie füllen die Täler und lagern endlich weiß über dem Land, und nur die höchsten Kuppen schauen daraus hervor wie aus einer wogenden See.

Gegen Westen zu steigt das Land weiter an. Es ist nicht so, daß da auf einmal tausend Meter hohe Berge aufragen, man merkt zuerst den Anstieg nicht eigentlich. Es gehen die Wogen, die einen am Rand des Hochlandes erfaßt haben, weiter ins Land hinein, aber die Wellentäler senken sich gegen Westen so tief wie gegen Osten und Süden. Nur die Abstiege in den Wellentälern verkürzen sich, der Anstieg auf die nächste Stufe ist wieder hoch, das Wellental ist kaum seichter geworden, und so steigt man von Osten, wo die Buchenwälder ihre Bereiche haben, gegen Westen allmählich an. Man steigt von fünfhundert auf fast tausend Meter hinauf, doch die Steigung ist so versteckt, im Bergauf und Bergab, daß man sie leicht übersieht. Auf einmal aber ist wieder eine Verwandlung der Landschaft vollzogen. Anders sind hier im oberen Waldviertel die Wälder. Dicht stehen die Fichten, es sind viele Tannen unter ihnen, und die halten den Grund in ihrem Schatten. Im Dunkeln bleiben auch die unteren Äste der Bäume, von den höheren überstiegen, dem Grund verbunden, den sie nähren mit ihren fallenden Nadeln. Diese decken den Boden und sterben hinüber in den lebendigen Humus, dessen Kraft und Duft wieder aufsteigt zu den Wipfeln, die allein das Licht erreichen. Die Sonne kommt hier kaum herunter auf den Waldgrund, nur der Regen dringt ein, er allein ist willkommen und wird festgehalten als dauernder Trunk. Mit ihren verborgenen Fäden durchziehen die Pilze die lockere Nadelerde, sie sammeln insgeheim ihre Kräfte und über Nacht, wenn ihre Zeit gekommen ist, erheben sie sich und stehen dann, jeder auf einmal fertig geworden und gerundet, in seiner Gestalt. In der feuchten Kühle kommen auch Moose auf, winzige, smaragdleuchtende Wälder im Schatten der großen.

Mitten im Wald hebt sich wie der runde Rücken eines Urtieres ein Fels, als sei er weit hergewandert und habe sich niedergelassen zur Rast, allein. Aber nicht weit von ihm, im Nadeldickicht verborgen, liegen andere Brocken nebeneinander, von graugrünem, flechtigem Moos überzogen. Wo dann der Wald aufhört, da liegen die Blöcke wie versprengte Herden über dem Land, mitten in den Flächen der kleinen Äcker und Wiesen. Noch scheint es, als ob etwas Fremdes sie hergeschafft hätte, vielleicht ein Gletscher, aber wo sie sich dann zu ganzen Höhen türmen, wie Burgen, wird es sichtbar, daß sie hier urständig sind und den Wald und das Feld nur eben zwischen

sich dulden. Das Gestein des Grundes selbst ist hier hervorgetreten. Es war wohl schon Gestein gestanden an den Pforten des Landes, Felswände unten in den Tälern, Steine auf den Kuppen oben zwischen den kleinen, trockenen Föhren, und auch in den Buchenwäldern war da und dort ein Felsbrocken gelegen, der hatte sich als Steinbank gegen den Abhang zu geschoben, aber die Weite der Landschaft und ihr Wechsel zogen den Blick fort von diesem Gestein. Hier aber wird es sichtbar als Kern der Landschaft.

Zwischen den granitenen Blöcken wachsen mit weißen Stämmen die Birken, und ihre hellen Blätter flimmern zart über dem Dunkel. Dazwischen, auf den ebenen Mooren, sammelt sich das Wasser zu kleinen Gerinnen, die rot sind vom Eisenrost, sie speisen den Ursprung der Flüsse.

Näher noch über dem kargen Land wölbt sich der Himmel, und die Wanderzüge seiner Wolken und seines Lichtes sind voll Reichtum, voll Bewegung und Farbe. Die Wolken wandeln sich rasch in dem flirrenden Licht. Sie ballen sich zu schweren, drohenden Zügen und gehen wieder gelöst dahin, leuchtend in himmlischer Weiße. Sie tragen noch lange den Glanz und die Farben der Sonne in das Dunkel des Abends. Nachts aber schaut die Erde unverhüllt das Gewölbe des Himmels, und die Sterne ziehen darüber hin, groß und klar.

Klein in diesem oberen Land verstreut, liegen wenige Dörfer. Grau ist ihre Farbe, verwittert ist das Holz der von den Winden schiefgedrückten Scheunen, vermoost sind die Schindeln und die mit Stroh gedeckten Dächer. So war es noch vor kurzem, die Häuser hielten sich am Boden, nur von ihren Giebeln griff manchmal noch das Zeichen des Rindergehörns in den Himmel. Jetzt freilich ist vieles und starkes Bauen im Gange.

Klein aber stehen auch die Menschen hier noch vor den Felsblöcken, wie sie klein sind unter den hohen Bäumen der Wälder. Dennoch erheben sie den Anspruch, die Herren zu sein über dieses Land. Sie haben das Land bis heute nicht ändern können in seinem Grund. Gering bleibt die Ackerkrume, eine dünne Schicht sandigen Lehms, denn der Granit widersteht hier hart den Wettern, und nur wenig vermögen sie von seiner Oberfläche in Erde zu verwandeln. Auch dort, wo der Stein nicht zutage liegt und die Menschen zwingt, ihm auszuweichen, stößt der Pflug, der tiefer greifen will, gegen ihn, und wer sich darauf einläßt, die Steine aus dem Acker zu graben, kommt damit nicht zurand sein Leben lang, als wüchse der Stein unter der Erde nach, so ist es. Wo aber der Grund zusammengeschwemmt ist, in den Mulden, setzt sich zugleich das Wasser hinein, und die Wiesen werden sauer oder gar sumpfig.

Rauh wie der Boden bleibt auch das Wetter, und viel mehr mag nicht wachsen ganz oben im Waldviertel als Hafer und Roggen, Erdäpfel und Futterrüben, die aber machen den Bauern nicht reich. Auch der Lein nicht, den sie nebenbei bauen, spinnen und weben, und der im Juni zwischen den Ackerbreiten liegt wie Widerschein des blaßblauen Himmels. Und auch nicht der Mohn. Wenn der blüht über dem dunklen Grund, in einem reichen, schweren Rot, in getöntem Weiß oder mit rosa und violetten, handgroßen Blüten um die schwarzen Staubgefäße, dann ziehen seine bunten Streifen wohl über das Land wie ausgebreitete Brokate zu einem ungewohnten Fest, üppig beinahe und fremd. Aber wenn die Blüten abgefallen sind und die Samenkapseln mühselig mit der Hand geerntet und an langen Abenden aufgeschnitten sind, bleiben auch vom Mohn nur einige Gefäße voll bläulich-schwarzen Samens übrig, festliche Zutat zur kargen Kost, sonst nichts.

Mancherorts haben die Menschen den Stein selbst angepackt, sie holen den Quarz hervor und brennen ihn zu Glas, sie schürfen den Graphit und selbst den Granit schneiden sie zu Würfeln, mit denen sind viele Straßen in Wien gepflastert. Sie haben den Granit auch weit über das Meer geschickt, den Suezkanal entlang stehen seine Quadern. Aber reich geworden sind die Waldviertler auch nicht an ihren Steinen.

Vernünftige Menschen finden sich ab mit ihrem Land, wie es ist, und vernünftig sind die Leute im Waldviertel. Sie tragen, was sie nicht ändern können, auch wenn es schwer ist, dann sogar geduldiger als die kleine Sekkatur, dagegen haut eher einmal einer aus. Es ist, als dächten sie, daß alle Plage so etwas ist wie ein schlechter Spaß, den man nicht ernst nehmen soll, und wo einer hineinfällt in den großen Ernst, die Sache übers Maß wichtig nimmt oder gar sich selbst, da haben die anderen gleich einen Spott bei der Hand, damit fahren sie dem Ernsten unter den Sitz und machen ihn wieder locker.

Es ist freilich unter dem Witz noch ein anderes verborgen in den Menschen, aber nur selten tritt etwas davon zutage. Als gäbe es etwas, das endlich doch stärker sein müsse als der ganze Druck rundherum, die Plackerei und Schinderei auf dem Acker, im Wald, im Stall und auf der Straße, etwas, mit dem alles erst in seinen richtigen Gang käme, zum Schluß auch das Wetter. Danach spintisiert mancher insgeheim, aber es ist nicht bekannt geworden, daß einer schon etwas gefunden habe dabei. Nur von einem schweren Rausch hört man öfters, und es könnte sein, daß er aus der Enttäuschung kommt über die vergebliche Suche.

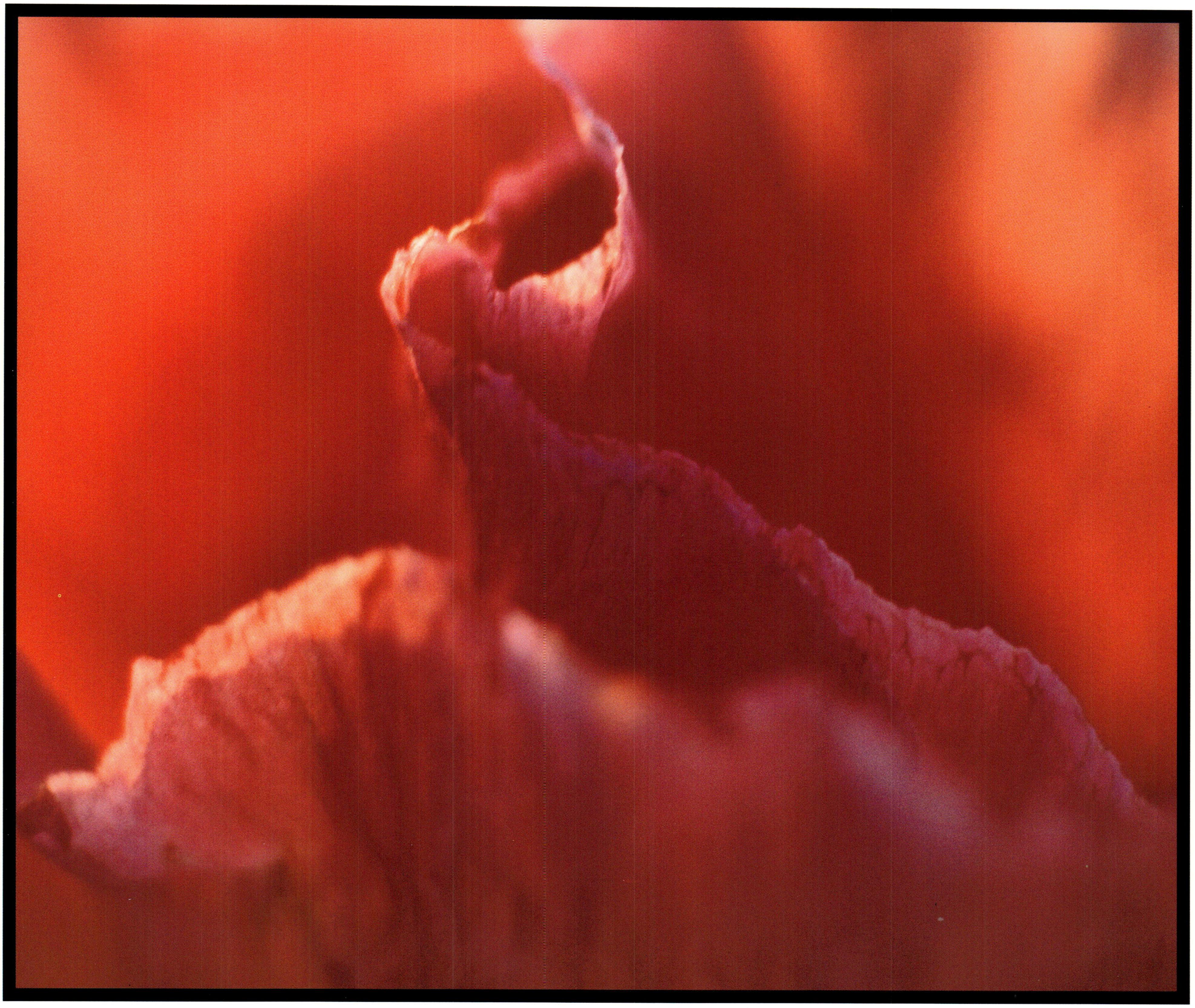

Manchmal erfährt man auch von Taten, wie aus einem Wahn kommend, besonders wenn es sich um Rosse handelt. Da ist die Geschichte von dem Bauern, der auf den Markt kam, in Kottes. Er war nicht reich angetan, warum auch, da er im oberen Waldviertel lebte. Der Pferdehändler, den er nach dem Preis seiner Rosse fragte, einem jungen, herrlichen Paar, sah an ihm vorbei, das war seine ganze Antwort, denn er war vom Landboden heraufgekommen und war andere Käufer gewohnt. Erst auf die dritte Frage, in der eine Drohung nicht mehr zu überhören war, gab der Roßhändler dem Mann den Preis an, einen hohen Preis, aber er sagte ihn nur so seitlich nebenher mit einem Achselzucken, um den Lästigen loszuwerden. Der aber warf ihm sogleich, ohne zu handeln, das ganze Geld zu, zog eine Pistole rückwärts aus der Hosentasche und schoß die beiden Pferde nieder, dem Händler vor die Füße. Dann ging er vom Markt, ohne sich umzusehen.

Die Leute unten sprechen auch von den Waldleuten oben in einem Ton, als sei das eine andere Art von Menschen. Die hageren Waldleute sind auch anders als die großen roten Weinhauer und die Bauern unten im Land. Das ist nicht weiter zu verwundern, wenn man an den schweren Kampf denkt, mit dem Stein und dem Wald, während die unteren ein bequemes Leben haben. Für jede besondere Arbeit können sie sich einen eigenen Handwerker leisten, während die Leute oben, auf sich gestellt, fast alles selbst bewältigen müssen und auch können. Schmiede- und Maurerarbeit, Wagner-, Zimmermanns- und Tischlerhandwerk.

So allein auf sich gestellt, haben die Waldleute ihren Kampf zu kämpfen gehabt bis vor einem halben Jahrhundert; die kaiserliche Regierung in Wien hatte größere Provinzen, weiter fort, um die sie sich kümmern mußte. Ein Tag Fußmarsch oder ein halber Tag Wagenfahrt zur nächsten Bahn, das war für die meisten Waldviertler die Regel. Erst nachdem der Erste Weltkrieg verloren war für Österreich und es keine reicheren Länder mehr besaß, ließ es die ersten Autobusse laufen, zum Ersatz für alle nicht gebauten Bahnen. Darum konnte man den Waldviertlern oben leicht ihre Armut nachsagen und viel Elend und auch das, daß sie so waren, wie andere vor hundert Jahren.

Sie sprachen auch noch eine frühere Sprache, gar nicht weit fort von Mittelhochdeutsch, und haben sich Bräuche bewahrt, die ihnen geholfen haben in ihrer Not, von denen die Unteren nichts mehr wissen. Sie vermögen noch krankes Vieh durch Besprechung zu heilen und sich nach dem Mond zu richten bei Aussaat und Ernte. Weil die Landleute reicher sind, schauen aber die Waldleute nicht mit Neid zu ihnen, als müßten sie dort unten in einer warmen Lacke ersaufen, so sprechen sie davon. Nur manchmal schielt einer hinunter von verkehrten Jungen, der sich verführen läßt und umkippt mit seiner Seele wie mit seiner Sprache und dann von der alten Kuh nimmer spricht als von Khui, sondern recht nobel von der Kuah. Von den Alten aber möchte kein Waldviertler unten bleiben im Land, es ist ihm, als wäre in dem weichen Boden kein Klang und als würde zugleich mit der Not der Anruf nachlassen, der ihn stachelt und ihn mahnt, daß etwas zu tun ist, daß er der Herr immer noch nicht ist über das Land.

Wie einem, der am Meer war, das Rauschen des Wassers das Ohr erfüllt hat bei Tag und bei Nacht, aber er hat es nicht gemerkt, und erst fern vom Meer hört er die Leere, so ist es dem, der aus dem Waldviertel hinunterkommt ins Land. Da der Ton verstummt ist, der geklungen hatte in allem und überall, merkt er am Fehlen erst das Fehlende, und da er gemahnten Sinnes wiederkehrt, bleibt er nicht mehr bei den wechselnden Bildern allein. Dem stärkeren Ton folgt er und findet die Quelle des Tönens: Es ist das Urgestein.

Bei Tag ist sein Klang verdeckt durch das Licht der Sonne. Des Nachts aber, wenn kein Licht die Sinne reizt und kein Laut, dann klingt es auf, als spräche das Gestein sich selber wortlos aus. Es faßt das Ohr den Ton nicht und keiner der gezählten Sinne, und doch ist er zu fühlen, deutlich, als Schwingung.

Das Geheimnis des Anfangs berührt der Fuß hier, denn das Urgestein wurde als erstes auf der Erde, und als späte Gäste nur trägt es Pflanze und Tier.

Der Mensch aber, der Zuletztgekommene, will in dieses Geheimnis des Erstgewordenen eindringen. Er bohrt sich in das graue, verwitterte Gestein und holt die Stücke aus der Tiefe hervor. Farbdurchtönt und durchzogen von Gestalt ist, was er fördert. Alles Gestein dieses Landes ist

kristallig gebildet, durchscheinend milchig oder rosenrot ist der Quarz, mit einem Schmelz frisch leuchtend. als sei er neu geschaffen am heutigen Tag. Wo er hohlen Raum gefunden hat zu seiner Entfaltung, nicht bedrängt war vom Geschiebe der Masse, ist er aufgewachsen zu durchsichtigen Bergkristallen mit Säulen, Wänden und spitzen Türmen wie eine Burg seiner selbst. Hell glitzern die Glimmer, in silbrigen Plättchen, in goldroten oder in grünen, zart als wären es Schuppen von Falterflügeln. Auf den Kristallen des Feldspats liegt Glanz wie von weißen oder roten Blumenblättern, sie lassen das Licht ein und leuchten, als hätten sie unter der Erde nur gewartet auf jene Stunde, da das Licht sie trifft. Dicht ineinander geschoben, in winzigen Teilchen, wachsen die drei zusammen zu Granit, der Quarz, der Feldspat und der Glimmer. Unter dem Druck ungeheuren Gewichtes schichten sie sich zum Gneis. Körniger Marmor, weiß wie neues Eis, zieht durchs Gestein, grünlicher Serpentin ist eingesprengt, Säulen aus glänzend scharzem Turmalin und kleine Tropfen blutroten Granats.

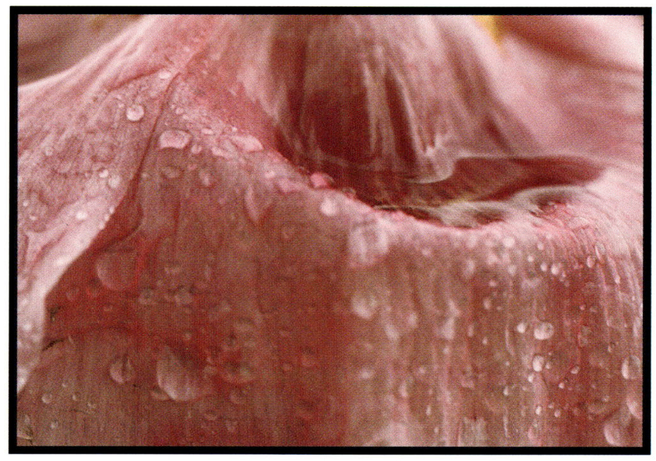

Erste Geburt aus dem glühenden Fluß des Magma ist all dieses Gestein. Nicht ergab es sich gleich der Erstarrung, lange währte das Drängen und Schieben des urmächtigen Gebärens. Niemand sah es, kein Auge war damals noch auf der Erde geboren. Nur der Tag und die Nacht gingen über den brennenden Stein, und fern stieg der Dampf auf aus kochenden Meeren.

Erdzeitalter gingen darüber hin, da das Gestein aber starr werden sollte für immer, hob es sich und türmte sich auf zum ersten Gebirge Europas.

Hoch stand das Urgebilde über aller Erde und allem Gewässer, kristallig und hart wie ein Gebirge der Ewigkeit. Keine Wurzel drang hier ein, denn die Pflanzen dieser Zeit standen noch nahe dem Wasser und den Sümpfen, aus denen sie gekommen waren.

Die Lüfte der Jahrmillionen aber begannen ihr Werk. Feines Werkzeug nur hatten sie, die Strahlen der Sonne, die Fäden des Wassers, die kleine Sprengung des Eises, den Hauch ihrer Winde, nicht mehr als dünne Nadeln über den Bergen. Aber sie waren im Bund mit der Zeit. Sie gruben Täler, stürzten Gipfel und schwemmten sie hinab ins Meer, und sie nahmen dem Gebirge seine erste Höhe.

Wir können Jahrmillionen nicht mehr verstehen, unsere Zahlen greifen nicht mehr, wo sie herankommen an Urgezeiten. Unbegreifbar bleibt die Zeit, in der Lüfte Berge verwehen, unbegreifbar wie die Zeit, in der abgelebte Schalen der Muscheln am Grund des Meeres sich zu Bergen häuften.

Da das Urgebirge schon alterte, zerfurcht war vom Wetter und starr geworden in sich, war noch Bewegung in der Erde. Wo sie verdeckt lag, unter dem Meer, drängte sie auf, und ein junges Gebirge stieg aus den Wogen, gegenüber dem ersten. Die Alpen standen auf, sie hoben den kalkigen Muschelgrund des Meeres in die Höhe und sandten die abgeworfenen Fluten gegen den Uralten.

Das junge Gebirge in seinem Wachsen erschütterte fernhin den Boden. In seinem Grund getroffen, zerbrach das Gefüge des Alten, zerrüttet sanken seine Höhen in sich selbst zusammen.

Aber immer noch wirkt die alte Macht aus dem Urgestein. Es bestimmt das Land und alles, was seine Nahrung nimmt aus ihm.

Was aus ihm strahlt, füllt wie ein Duft den Raum, sein Atem dringt durch die Wälder und durch die Häuser der Menschen, und es bleibt fühlbar als der ganzen Landschaft heimlicher Diener und Herr.

Die Deutsche Bibliothek – CIP-Einheitsaufnahme
Mohn und Granit : vom Waldviertel / Franz Hubmann ; Imma Bodmershof.
Mit Photogr. von Franz Hubmann. - Wien ; München : Brandstätter, 1999
ISBN 3-85498-002-7

1. Auflage 1999

Die graphische Gestaltung des Werkes und die technische Herstellung besorgte
Rudolf Metzger, das Lektorat Angelika Matzka.
Die Reproduktion der Abbildungen erfolgte bei Grafo in Wien,
Gedruckt wurde bei der Druckerei Berger, Horn.
Gesetzt wurde aus der Caslon 540 Roman.

Der Text von Imma von Bodmershof ist eine Neuedition des Textes,
der als Broschüre unter demselben Titel, versehen mit Holzschnitten von
Franz Traunfellner, im Verlag Niederösterreichisches Pressehaus erschienen ist
(2. Auflage 1980).

ISBN 3-85498-002-7
ISBN 3-85498-021-3 (Luxusausgabe)

Christian Brandstätter Verlagsgesellschaft m.b.H.
A-1010 Wien, Schwarzenbergstraße 5
Telephon (+43-1) 514 05 · 233